... Sous le signe de Phoebus

HAÏKUS DE L'ETE

Lydia MONTIGNY

HAÏKUS DE L'ETE

Mentions légales

© 2022 Lydia MONTIGNY

Édition : BoD – Books on Demand, info@bod.fr
Impression : BoD – Books on Demand, In de Tarpen 42,
Norderstedt (Allemagne)

Impression à la demande

ISBN : 978-2-3224-4241-6
Dépôt légal : Août 2022

*Ce recueil est dédié
au x bonheurs de vivre
chaque instant
de chaque saison,
intensément
et simplement…*

Une effervescence

Dans les branches du printemps

L'haïku fait son nid

Pensée d'insomnie

Blanche dans le silence

Etoile filante

Ménage de printemps

Grand vent de pétales roses

Le papillon vole

Murmure du printemps

Berçant la chenille

Un battement d'ailes

Lointain souvenir

D'un bourdonnement de ruche

Cerisier en fleurs

Offrir au poème

Des nuances de couleurs

Une autre saison

Chaleur tropicale

Ondulation sauvage

Les yeux du jaguar

Douceur de printemps

Exclamation dans le ciel

Vol de l'hirondelle

Au milieu des fleurs

Un faire-part de naissance

Reine des abeilles

Un printemps vert d'eau

Eclosions roses et blanches

Péché de l'amande

Confettis de joies

Révérences des oiseaux

Un brin d'herbe verte

Marcher sur les mains

Pour atteindre l'horizon

La Terre est ronde

Ruche printanière

Etourdie de mille nectars

Rayon de soleil

Le petit matin

Dans la lumière crémeuse

Le saut d'un lapin

Crépuscule rose

Venant iriser la mer

Le rêve immobile

Printemps en tulle blanc

Parade gracieuse des cygnes

Un pas de deux

Tranches de lune

Sur le velours de la nuit

Descendre le store

Mystérieux printemps

Veines de sève verte

La mésange bleue

La mer dans la main

Des étoiles dans tes yeux

Ton nom sur le sable

Tilleul vert tendre

Sieste dans l'ombre douce

Chant du rossignol

Tiédeur des roches

Un lézard immobile

Le chant du grillon

Lecture étoilée

Imaginer ton soupir

Fermer le livre

Printemps au jardin

Timidité d'un feuillage

Petit campagnol

Le jeu du soleil

Tatouant ton nom sur ma peau

Glace caramel

Légère sieste

Aux couleurs tropicales

Murmure du moustique

Tempête de sable

Un envol de paréo

Surfant sur les vagues

Randonnée d'été

Laine fleurie des montagnes

La transhumance

Chahut du printemps

Le silence du monde

S'est évaporé

Coucher de soleil

Zébré d'éclairs orange

Orage d'été

Tourbillon d'été

Symphonie circulaire

Le bal musette

Soleil au zénith

Chaleur éblouissante

La ruelle muette

Un livre s'affole

D'une bourrasque d'été

Fin d'un marque-page

Chapeaux de l'été

Sur les jeux de la plage

Les rires d'enfant

Une courte brise

Respiration du soleil

Juste l'éventail

Sous un parasol

Un tourbillon de couleurs

Le marchand de glaces

Plage immobile

Murmure brûlant du vent

Le grain de sable

Canicule d'été

L'oiseau sur un nénuphar

Une goutte d'eau

Simplicité nue

Liberté intemporelle

Croiser un regard

Immobilité

Eté caniculaire

Sous la cascade

Jeu de cache-cache

Entre le ciel et la mer

L'azur d'un regard

Sel ensoleillé

Ciel tout pailleté d'azur

Chuchotis d'été

Averse d'été

Feuille flottant sur les flots

Sourire de grenouille

Eteindre la nuit

Illuminer chaque jour

Aimer ton ombre

Boules de charbon

Ronflements et étincelles

L'orage d'été

Cueillir un pétale

De lumière dans l'aurore

Le miel de l'été

Tipi tout petit

Etincelles de nuit sauvage

Eden étoilé

Sage nuit d'été

Interroger le Silence

Une luciole

Sieste de l'été

Un hamac mou dans l'air chaud

Cigale endormie

Larmes au soleil

Lumière tombant en gouttes

Eclat de rires

Prairie estivale

Stridulation de l'air chaud

Un petit grillon

Lire une saison

Dans le bonheur de tes yeux

La fleur dans le livre

Mille petits visages

Se tournant vers le soleil

Champ de tournesols

Lumière dans l'air chaud

Reflets dans les vagues bleues

Une étoile de mer

Gourmandise d'été

Fondre devant une glace

Miroir enchanté

Parasol rayé

Sur une plage de sable blanc

Aquarium d'été

Chants de cigales

Dans la pinède estivale –

Une fourmi passe

Musique en Couleurs

Le filigrane du cœur

Se fêle sensible

Lecture étoilée

Imaginer ton soupir

Fermer le livre

Chercher la couleur

Des mots baignés d'été

Bruissement de lavandes

Caprice de la mer

Dérangée dans sa sieste

Cachette d'oursin

Chaleur ruisselante

Immobilité de l'air

Un thé vert glacé

Parasol d'azur

Un bois flotté s'échouant

Le château de sable

Ardeur champêtre

Explosion musicale

Le pop-corn doré

Plumes de rêves

Sur la plage abandonnée

Un été indien

De longues soirées

Fors des devoirs d'écolier

Solfège des criquets

Regarder la vie

Voir le sourire du temps

Un battement d'ailes

Souffler un instant

Doigts de pieds en éventail

Le ventilateur

Gouter la douceur

Surestimer un cactus

Haïku du fakir

Coucher de soleil

Dans un bâillement d'été

L'ombre s'étire

Rivière assoiffée

Un lézard sous un rocher

Une goutte d'eau

Sous la couverture

Une histoire d'amour s'éveille

Le livre s'affole

Air caniculaire

Tuyau percé au jardin

L'oisillon a soif

Emoi de l'été

Lune émergeant nue de l'eau

Candide aquarelle

Ailes silencieuses

Dans l'air chaud de la plaine

Le héron cendré

Lire un haïku

Avec la voix du présent

Encre invisible

Livres précédents (BoD)

* Dans le Vent (VII 2017)
* Ecrits en Amont (VIII 2017)
* Jeux de Mots (VIII 2017)
* Etoile de la Passion (VIII 2017)
* As de Cœur (XI 2017)
* Pensées Eparses et Parsemées (XI 2017)
* Le Sablier d'Or (XI 2017)
* Rêveries ou Vérités (I 2018)
* Couleurs de l'Infini (II 2018)
* Exquis Salmigondis (V 2018)
* Lettres Simples de l'être simple (VI 2018)
* A l'encre d'Or sur la Nuit (X 2018)
* A la Mer, à la Vie (XI 2018)
* Le Cœur en filigrane (XII 2018)
* Le Silence des Mots (III 2019)
* La Musique Mot à Mot (IV 2019)
* Les 5 éléments (V 2019)
* Univers et Poésies (VIII 2019)
* Les Petits Mots (X 2019)
* Au Jardin des Couleurs (XI 2019)
* 2020 (XII 2019)
* Nous... Les Autres (X 2020)

.../...

.../...

* Ombre de soie (III 2020)
* Les Jeux de l'Art (IV 2020)
* Harmonie (VI 2020)
* La source de l'Amour (VIII 2020)
* Au pays des clowns (X 2020)
* 365 (XI 2020)
* L'Amour écrit... (XII 2020)
* Haïkus du Colibri (II 2021)
* Le Bonzaï d'Haïkus (IV 2021)
* Blue Haïku (V 2021)
* Avoir ou ne pas Avoir (VII 2021)
* Haïkus du Soleil (VIII 2021)
* Equinoxe (XI 2021)
* Un jour... Un poème (XII2021)
* 50 Nuances d'Amour (V 2022)